Plätzchen und Stollen

Gisela Pohlkemper & Ursula Stiller

Alle Jahre zur Adventszeit beginnt sie wieder, die schönste Backzeit des Jahres. Es weihnachtet sehr, wenn der Duft von Zimt, Nelken und Anis durch die Wohnung zieht. Zimtsterne, Stollen und Nürnberger Lebkuchen gehören traditionell dazu. Doch sind Sie nicht auch immer wieder neugierig auf neue Rezepte? Überraschen Sie Ihre Familie und Freunde doch dieses Jahr mit Himbeerherzen, Gewürz oder Nougatnüssen.

Inhalt

Alle Rezepte auf einen Blick	2
Weihnachtszeit ist Backzeit	4

Rezepte

Mit Haselnuss & Mandelkern	8
Mit vielerlei Früchten	20
Mit Gewürzen aus aller Welt	34
Mit Kakao, Schokolade & Nougat	48
Alphabetisches Rezeptverzeichnis	62
Rezeptverzeichnis nach Rubriken	63

Alle Rezepte auf einen Blick

	Seite	kcal je Stück	Geschenk	klassisch	preiswert	schnell	ausgefallen	einfach
Mandel-Pistazien-Stangen	8	60	+			+	+	+
Walnusskipferl	9	80	+			+		
Marzipan-Mandel-Sterne	10	80	+				+	
Kokosmakronen	12	70		+	+	+		+
Nussecken	13	70	+	+		+		
Grüne Walnüsse	14	70	+				+	+
Mandelhörnchen	15	145	+	+				
Erdnussrauten	16	70			+			+
Haselnusshütchen	17	80			+	+		+
Marzipanstollen	18	260	+	+				
Zitronen-Wein-Sterne	20	40	+		+	+		
Feigenmakronen	21	70	+			+		+
Himbeerherzen	22	90	+		+			
Orangenplätzchen mit Guss	24	60	+		+			
Braunbären mit Banane	25	50			+	+		+
Fruchtige Quarkzapfen	26	180	+		+			+
Basler Leckerli	28	100	+	+				
Mohnschlaufen	29	60			+	+	+	
Kleine Früchtestollen	30	210	+	+				
Früchtebrot	32	250	+	+				

	Seite	kcal je Stück	Geschenk	klassisch	preiswert	schnell	ausgefallen	einfach
Ingwerkipferl	34	50	+		+	+		
Zimtblätter	34	30	+		+		+	
Honigkuchen vom Blech	36	150	+	+				
Gewürzbiskuits	38	30			+	+	+	
Gewürzspekulatius	39	30	+	+	+			
Weihnachtsbrownies	40	65		+		+		+
Anisplätzchen	42	40		+	+	+		+
Zimtsterne	43	80	+	+				+
Nürnberger Lebkuchen	44	90	+	+				
Würzige Baumkuchenecken	46	110	+	+				
Schokoladenmakronen	48	40			+	+		+
Schokocookies	49	50			+			+
Schwarz-Weiß-Gebäck	50	50	+	+	+			
Schoko-Mokka-Mürbchen	52	70			+	+		
Weihnachtsbrezeln	52	60	+		+		+	
Rheinische Spitzkuchen	54	90	+	+				
Mandelsplitter	56	65	+	+		+		+
Nougatnüsse	56	85	+				+	
Schokoladenkugeln	58	95	+		+	+	+	
Schokoladenknusperhaus	60	7170	+			+	+	

Rezeptübersicht

Weihnachtszeit ist Backzeit!

Was wäre Weihnachten ohne selbst gebackene Plätzchen? Damit das Backen rundum gelingt, erhalten Sie hier Informationen und Tipps zu den Themen Zutaten, Backen und Aufbewahren. Zudem erfahren Sie noch einiges zu den in diesem Buch benutzten Teigen.

Zutaten

Eier Eier werden in vier Gewichtsklassen angeboten: S, M, L und XL. Für die Rezepte in diesem Buch wurden Eier der Gewichtsklasse M (53 bis unter 63 g) verwendet.

Butter oder Margarine Für das Gelingen der Rezepte ist es egal, ob Butter oder Margarine verwendet wird. Wichtig ist aber, dass es keine Halbfett-Produkte sind. Sie haben einen höheren Wasseranteil und sind zum Backen ungeeignet.

Mehl und Stärke Bei den Rezepten wurde immer Weizenmehl Type 405 verwendet. Es ist möglich, bis zu einem Drittel der Mehlmenge durch Speisestärke zu ersetzen.

Gewürze Die Mengen und Kombinationen der Gewürze können Sie nach Ihrem persönlichen Geschmack verändern. Seltenere Gewürze bekommen Sie meist in Apotheken.

Schokolade und Kuvertüre Kuvertüre oder Schokolade immer im etwa 50 °C heißen Wasserbad langsam auflösen. Das folgende Abkühlen und wieder Erwärmen der Kuvertüre (Temperieren) können Sie sich ersparen, wenn Sie etwas Kokosfett zugeben. Gelangt Flüssigkeit in die geschmolzene Schokolade oder Kuvertüre, wird sie fester. Manchmal ist dies erwünscht, doch ist hier höchste Vorsicht geboten. Einmal durch Flüssigkeitszugabe zu fest gewordene Schokolade lässt sich nicht mehr verflüssigen.

Backen und Aufbewahren

Bräunung Die Plätzchen sind gar, wenn sie an der Unterseite schön braun sind.

Vorratshaltung Lassen Sie das Gebäck immer gut auskühlen. Sollen die Plätzchen knusprig bleiben, legen Sie sie in gut schließende Dosen. Sollen sie weich werden, lassen Sie die Plätzchen erst einige Tage offen stehen, bevor sie in die Dose kommen. Generell sollten Sie Plätzchen immer kühl und trocken aufbewahren, dann sind sie etwa 4–6 Wochen haltbar.

Teige

Baiser (Makronen) Zunächst schlägt man das Eiweiß sehr steif, dann lässt man den Zucker langsam einrieseln. Die Baisermasse wird fester, wenn man statt Puderzucker feinen Zucker verwendet. Die weiteren Zutaten werden nicht untergerührt, sondern mit einem großen Schneebesen vorsichtig untergehoben. Makronen backt man am besten auf Backpapier. Durch den hohen Zuckeranteil würden sie auf dem Blech festkleben. Die Makronen müssen nach dem Backen innen noch weich und feucht sein.

Hefeteig Hefe ist eine Pilzart. Die Pilze benötigen Wärme, Feuchtigkeit, Nahrung und Luft. Hefe entwickelt ihre Triebkraft am besten bei etwa 37 °C. Feuchtigkeit bekommt sie, indem sie mit Milch oder Wasser

verrührt wird. Nahrung wird als Zucker und/oder Mehl zur Verfügung gestellt. Luft gelangt durch Kneten und Schlagen in den Teig. Durch die Tätigkeit der Hefe bilden sich im Teig Bläschen aus Kohlendioxid – er geht auf.

Alle Zutaten sollten Zimmertemperatur haben bzw. lauwarm sein. Salz und Fett behindern die Gärung; man gibt sie zuletzt zum Teig. Lassen Sie dem Hefeteig Zeit zum Gehen. Wenn der Raum nicht warm genug ist, heizen Sie den Ofen auf 50 °C auf, schalten Sie ihn wieder ab und stellen Sie den Teig zugedeckt hinein; die Backofentür mit einem Löffelstiel einen Spalt offen halten.

Mürbeteig Mehl, Fett und Zucker sind die wichtigsten Bestandteile eines süßen Mürbeteigs. Je fetthaltiger der Teig ist, desto leichter zerbricht er. Wenn man etwas Ei oder Flüssigkeit dazugibt, wird der Teig geschmeidiger. Die Zutaten knetet man immer sehr rasch zusammen, bis der Teig glatt ist.

Mürbeteig sollte vor der Weiterverarbeitung im Kühlschrank ruhen. Sie können den Teig am Tag zuvor zubereiten. Wenn er aus dem Kühlschrank kommt, lässt er sich nur schwer ausrollen. Deshalb kleine Portionen abschneiden, durchkneten und ausrollen. Für Plätzchen sollten Sie den Teig immer gleich dick ausrollen, denn unterschiedlich dicker Teig benötigt auch unterschiedliche Backzeiten. Stechen Sie die Plätzchen so aus, dass kaum Teigreste entstehen. Durch wiederholtes Zusammenkneten kommt zu viel Mehl in den Teig, er wird hart und brüchig. Bestäuben Sie die Arbeitsfläche deshalb auch nur sparsam mit Mehl. Lassen Sie Mürbeteigplätzchen nach dem Backen erst etwas abkühlen, bevor Sie sie vom Blech nehmen.

Rührteig Seine wichtigsten Bestandteile sind Fett, Zucker, Eier, Mehl und Backpulver sowie Geschmackszutaten. Geben Sie das weiche Fett in eine Rührschüssel und rühren Sie es mit den Besen eines Handrührgeräts auf höchster Stufe geschmeidig. Lassen Sie unter Rühren den Zucker langsam einrieseln. Rühren, bis der Zucker ganz aufgelöst ist. Geben Sie die Eier nacheinander hinzu, jedes Ei etwa $1/2$ Minute verrühren. Das Mehl mit dem Backpulver mischen, in die Rührschüssel sieben und auf niedrigster Stufe unter die Eier-Fett-Masse ziehen, bis der Teig glatt ist. Prüfen Sie die Beschaffenheit: Der Teig soll schwer reißend vom Löffel fallen. Wenn er zu fest ist, geben Sie etwas Milch dazu.

Lebkuchen und Honigkuchen Hierfür zerlässt man Honig oder Sirup mit Fett bei geringer Hitze. Sobald die Zutaten so weit erwärmt sind, dass sie sich leicht vermengen lassen, gibt man die Masse in eine Rührschüssel und lässt sie wieder abkühlen.

Die Rezepte

Mit Haselnuss & Mandelkern 8

Mit vielerlei Früchten 20

Mit Gewürzen aus aller Welt 34

Mit Kakao, Schokolade & Nougat 48

Mandel-Pistazien-Stangen
Mürbeteig

- Geschenk
- klassisch
- prciswert
- schnell
- ausgefallen
- einfach

Zutaten
Für den Teig
400 g Weizenmehl · $1/2$ TL Backpulver · 200 g Zucker · 1 Prise Salz · 2 frische Eier · 250 g Butter
Zum Bestreichen
2 EL Aprikosenkonfitüre
Für den Belag
60 g Pistazienkerne · 125 g Amarettini · 75 g Sahne · 90 g Butter · 100 g Zucker · 100 g gehackte Mandeln

Für 120 Stück
Zubereitungszeit: ca. 30 Min.
Kühlzeit: ca. 30 Min.
Backzeit: ca. 30 Min.
ca. 60 kcal je Stück

1 Das Mehl mit dem Backpulver mischen und in eine Rührschüssel sieben. Zucker, Salz, Eier und Butter zugeben, kurz mit den Knethaken eines Handrührgeräts durcharbeiten und auf der bemehlten Arbeitsfläche zu einem glatten Teig verkneten. Den Teig 30 Minuten im Kühlschrank kalt stellen.

2 Den Backofen auf 200 °C (Umluft 170 °C; Gas Stufe 3) vorheizen und ein Backblech mit Backpapier auslegen. Den Teig auf das Blech legen, ausrollen und mehrmals mit einer Gabel einstechen. Den Teig etwa 12 Minuten auf der mittleren Schiene im Ofen vorbacken, abkühlen lassen und mit der Aprikosenkonfitüre bestreichen.

3 Für den Belag die Pistazien grob hacken. Die Amarettini in einen Gefrierbeutel geben und mit einem Nudelholz zerbröseln. Sahne, Butter und Zucker in einem Topf aufkochen lassen. Mandeln, Pistazien und Amarettini zugeben und gut verrühren.

4 Die Masse gleichmäßig auf dem Teig verstreichen und den Kuchen auf der mittleren Schiene etwa 15 Minuten backen. Das Gebäck etwa 5 Minuten abkühlen lassen und mit einem Messer in $1 1/2$ x 5 cm lange Streifen schneiden. Die Mandel-Pistazien-Stangen auf dem Blech abkühlen lassen.

Tipp
Wenn sich bei den Backvorgängen unter dem Teig große Luftblasen bilden, sollten Sie mit einer Gabel in den Teig stechen, damit die Luft entweichen kann und der Teig auch von unten schön braun wird.

Mit Haselnuss & Mandelkern

Zutaten

Für den Teig
100 g Walnusskerne · 300 g Weizenmehl · 1 Vanilleschote · 125 g Puderzucker · 1 Prise Salz · 1 Msp. gemahlener Zimt · 1 Msp. gemahlener Kardamom · 1 frisches Eigelb · 250 g Butter

Für den Belag
50 g Butter · 50 g Puderzucker

Für 60 Stück
Zubereitungszeit: ca. 1 Std.
Kühlzeit: ca. 1 Std.
Backzeit: ca. 10 Min.
ca. 80 kcal je Stück

Walnusskipferl
Mürbeteig

1 Für den Teig die Walnusskerne fein mahlen. Das Mehl in eine Rührschüssel sieben. Die Vanilleschote längs aufschneiden, das Mark herauskratzen und zum Mehl geben. Den Puderzucker hineinsieben. Salz, Zimt, Kardamom und Eigelb dazugeben. Die Butter in Stückchen schneiden und die Walnusskerne hinzufügen.

2 Die Zutaten mit dem Knethaken eines Handrührgeräts gut durcharbeiten und auf der Arbeitsfläche zu einem glatten Teig verkneten. Den Teig 1 Stunde kalt stellen.

3 Den Backofen auf 180 °C (Umluft 150 °C; Gas Stufe 2–3) vorheizen. Den Teig zu bleistiftdicken Rollen formen, in 5 cm lange Stücke schneiden und die Enden spitz zulaufend rollen. Die Stücke zu Hörnchen biegen, auf ein Backblech setzen und auf der mittleren Schiene im Ofen etwa 10 Minuten backen.

4 Für den Belag die Butter zerlassen und die heißen Kipferl damit bestreichen. Den Puderzucker darüber sieben.

- Geschenk
- klassisch
- preiswert
- schnell
- ausgefallen
- einfach

Tipp
Die ausgekratzte Vanilleschote können Sie zur Herstellung von Vanillezucker verwenden. Schneiden Sie die Schote in etwa 3 cm lange Stücke und lassen Sie sie mit Zucker in einem geschlossenen Gefäß einige Tage durchziehen. Dann die Schoten herausnehmen.

Marzipan-Mandel-Sterne
Mürbeteig

- Geschenk
- klassisch
- preiswert
- schnell
- ausgefallen
- einfach

Zutaten

Für den Teig
150 g Weizenmehl · 1 TL Backpulver · 1 Msp. Salz · 80 g Puderzucker · 1 P. Vanillezucker · 150 g abgezogene, gemahlene Mandeln · 2 EL Milch · 125 g Butter

Für den Belag
100 g Puderzucker ·
200 g Marzipanrohmasse ·
2 EL Kirschengelee

Für den Guss
100 g Puderzucker · 2 EL Zitronensaft · gehackte Pistazien oder Mandeln

Für ca. 65 Stück
Zubereitungszeit: ca. 1 Std.
Kühlzeit: 1 Std.
Backzeit: ca. 10 Min.
ca. 80 kcal je Stück

1 Das Mehl mit dem Backpulver in eine Rührschüssel sieben, Salz, Puderzucker, Vanillezucker, Mandeln und Milch dazugeben. Die Butter in Stücke schneiden und hinzufügen.

2 Die Zutaten mit den Knethaken eines Handrührgeräts gut durcharbeiten. Auf der bemehlten Arbeitsfläche zu einem glatten Teig verkneten. Den Teig 1 Stunde kalt stellen.

3 Den Backofen auf 180 °C (Umluft 150 °C; Gas Stufe 2–3) vorheizen. Den Teig dünn ausrollen, Sterne ausstechen und auf ein Backblech setzen. Die Plätzchen auf der mittleren Schiene im Ofen etwa 10 Minuten backen.

4 Für den Belag den Puderzucker durchsieben, mit der Marzipanrohmasse verkneten und dünn ausrollen. Sterne in Größe der Mandelsterne ausstechen. Die erkalteten Mandelsterne dünn mit Gelee bestreichen und die Marzipansterne darauf legen.

5 Für den Guss den größten Teil des Puderzuckers durchsieben und mit dem Zitronensaft zu einer glatten Masse verrühren. Die Plätzchen mit der Masse bestreichen und mit Mandeln oder Pistazien garnieren. Den restlichen Puderzucker darüber sieben.

Mit Haselnuss & Mandelkern

Kokosmakronen
Baiser

Zutaten

Für den Teig
4 frische Eiweiße · 200 g feiner Zucker
1 P. Vanillezucker · 1 Prise Salz · 1 Msp. gemahlener Zimt · 250 g Kokosraspel

Für den Überzug
70 g Zartbitterkuvertüre

Für ca. 60 Stück
Zubereitungszeit: ca. 30 Min.
Backzeit: ca. 35 Min.
ca. 70 kcal je Stück

- Geschenk
- **klassisch**
- **preiswert**
- **schnell**
- ausgefallen
- **einfach**

1 Den Backofen auf 180 °C (Umluft 150 °C; Gas Stufe 2–3) vorheizen. Das Eiweiß mit den Besen eines Handrührgeräts auf höchster Stufe steif schlagen. Den Zucker dabei nach und nach einrieseln lassen.

2 Vanillezucker, Salz, Zimt und Kokosraspel vorsichtig unterheben. Ein Backblech mit Backpapier belegen und mit 2 Teelöffeln kleine Häufchen der Masse auf das Blech setzen.

3 Die Plätzchen etwa 35 Minuten auf der mittleren Schiene im Ofen backen. Auf einem Kuchengitter auskühlen lassen.

4 Für den Überzug die Kuvertüre grob hacken und im Wasserbad schmelzen lassen. Die Unterseite der Kokosmakronen in die Kuvertüre tauchen und die Makronen auf Pergamentpapier setzen.

Tipp
Wenn Sie besonders glatte und glänzende Schokoladenüberzüge haben wollen, müssen Sie das Gebäck mit der Kuvertürenseite auf Pergamentpapier setzen.

Mit Haselnuss & Mandelkern

Zutaten

Für den Teig
200 g Weizenmehl · 1 TL Backpulver · 100 g Zucker · 1 Msp. Salz · 1 frisches Ei · 1 EL Milch · 100 g Margarine

Fett für das Blech

Zum Bestreichen
2 EL Orangenkonfitüre

Für den Belag
150 g Margarine · 150 g Zucker · 100 g gemahlene Haselnusskerne · 100 g gehobelte Haselnusskerne · 50 g Kuvertüre

Für ca. 70 Stück
Zubereitungszeit: ca. 45 Min.
Kühlzeit: 1 Std
Backzeit: ca. 25 Min.
ca. 70 kcal je Stück

Nussecken
Mürbeteig

1 Das Mehl mit dem Backpulver in eine Rührschüssel sieben. Zucker, Salz, Ei, Milch und Margarine dazugeben. Mit den Knethaken eines Handrührgeräts gut durcharbeiten. Auf der bemehlten Arbeitsfläche zu einem glatten Teig verkneten. Den Teig 1 Stunde kalt stellen.

2 Den Backofen auf 180 °C (Umluft 150 °C; Gas Stufe 2–3) vorheizen. Ein Backblech einfetten, den Teig darauf ausrollen und mit der Orangenkonfitüre bestreichen.

3 Für den Belag die Margarine mit Zucker und 2 EL Wasser in einem Topf bei mäßiger Hitze zerlassen. Die Nüsse unterrühren, kurz aufkochen. Die Masse etwas abkühlen lassen und gleichmäßig auf dem Teig verteilen. Vor den Teig einen Alufolienstreifen legen. Den Teig auf der mittleren Schiene im Ofen etwa 25 Minuten backen.

4 Das Gebäck abkühlen lassen und in 6 x 6 cm große Quadrate schneiden. Die Quadrate schräg halbieren, sodass Dreiecke entstehen. Die Kuvertüre grob hacken, im Wasserbad schmelzen und die Nussecken damit besprenkeln.

Geschenk ⊕
klassisch ⊕
preiswert ⊖
schnell ⊕
ausgefallen ⊖
einfach ⊖

Haselnüsse
Haselnüsse wachsen bei uns wild. Die Nüsse, die wir zum Backen kaufen, kommen meist aus der Türkei, Italien, Spanien und Zypern. Die Früchte sind fettreich und können leicht ranzig werden, daher sollte man sie nicht lange aufbewahren, besonders wenn es sich um Haselnusskerne handelt. Geschälte Haselnüsse haben einen feineren Geschmack.

Mit Haselnuss & Mandelkern

Zutaten

Für den Teig
120 g Pistazienkerne · 125 g Weizenmehl · 75 g Stärke · 1 Msp. Backpulver

150 g Zucker · 1 P. Vanillezucker · 1 Prise Salz · 1 frisches Ei · 1 frisches Eigelb · 100 g Butter

Für die Füllung
56 Walnusskernhälften

Für die Dekoration
50 g Zartbitterkuvertüre · 5 g Kokosfett

Für 56 Stück
Zubereitungszeit: ca. 35 Min.
Kühlzeit: 30 Min.
Backzeit: ca. 8 Min.
ca. 70 kcal je Stück

Grüne Walnüsse
Mürbeteig

- Geschenk
- klassisch
- preiswert
- schnell
- ausgefallen
- einfach

1 Die Pistazienkerne fein mahlen. Das Mehl mit der Stärke und dem Backpulver mischen und in eine Rührschüssel sieben.

2 Gemahlene Pistazienkerne, Zucker, Vanillezucker, Salz, Ei, Eigelb und Butter zugeben. Alles kurz mit den Knethaken eines Handrührgeräts durcharbeiten und auf der bemehlten Arbeitsfläche zu einem glatten Teig verkneten. Den Teig etwa $1/2$ Stunde im Kühlschrank kalt stellen.

3 Den Backofen auf 200 °C (Umluft 170 °C; Gas Stufe 3) vorheizen. Den Teig zu 4 gleich großen Rollen formen und jede Rolle in 14 gleich große Stücke teilen.

4 Zum Füllen in jedes Stück Teig mit dem Daumen eine Mulde drücken, eine Walnusshälfte hineinlegen, das Loch mit Teig verschließen und zwischen den Händen zu einem dicken Taler rollen.

5 Ein Backblech mit Backpapier belegen. Die Plätzchen auf das Backblech legen und auf der mittleren Schiene im Ofen etwa 8 Minuten hellgrün backen. Die Plätzchen abkühlen lassen.

6 Zum Dekorieren die Kuvertüre klein hacken und mit dem Kokosfett in einem Topf im Wasserbad schmelzen. Mithilfe eines Teelöffels die grünen Walnüsse mit der Kuvertüre besprenkeln.

Tipp
Um den Geschmack zu verfeinern, können Sie die Plätzchen mit gemahlenen Pistazien bestreuen.

Mandelhörnchen
Makronenmasse

Zutaten
Für den Teig
2 frische Eiweiße · 200 g Marzipanrohmasse · 140 g Zucker · 100 g gemahlene, geschälte Mandeln · 2 EL Honig
Für den Belag
100 g gehobelte Mandeln
Für die Dekoration
100 g Zartbitterkuvertüre · 10 g Kokosfett

Für 24 Stück
Zubereitungszeit: ca. 1 Std.
Backzeit: ca. 10 Min.
ca. 145 kcal je Stück

Geschenk ●
klassisch ●
preiswert ●
schnell ●
ausgefallen ●
einfach ●

1 Das Eiweiß zuerst teelöffelweise, dann in etwas größeren Mengen unter die Marzipanrohmasse kneten, später rühren. Zucker, Mandeln, Honig und 1 EL Wasser zugeben. Alles zu einer glatten Masse verrühren.

2 Den Backofen auf 200 °C (Umluft 170 °C; Gas Stufe 3) vorheizen. Ein Backblech mit Backpapier belegen. Die gehobelten Mandeln für den Belag mit den Händen etwas zerbrechen.

3 Von der Masse mit feuchten Händen walnussgroße Mengen abnehmen und zu Kugeln formen. Die Kugeln in den Mandelblättern wälzen, zu einer Rolle formen und auf dem Blech zu einem Hörnchen legen.

4 Die Hörnchen etwa 10 Minuten in der oberen Mitte des Ofens backen und danach auf dem Blech abkühlen lassen.

5 Zum Dekorieren die Kuvertüre klein hacken und mit dem Kokosfett in einem Topf im Wasserbad schmelzen. Die Enden der Mandelhörnchen mit der Kuvertüre bestreichen, auf das Backpapier legen und abkühlen lassen.

> **Tipp**
> Um das Marzipan klumpenfrei zu verkneten, dürfen Sie das Eiweiß zuerst nur in kleinen Mengen unterkneten. Je weicher das Marzipan ist, umso größere Mengen Eiweiß können Sie unterrühren. Sind Klumpen entstanden, können Sie diese entfernen, indem Sie die Marzipanmasse durch ein feines Sieb streichen.

Mit Haselnuss & Mandelkern

Erdnussrauten
Mürbeteig

- Geschenk
- klassisch
- **preiswert**
- schnell
- ausgefallen
- **einfach**

Zutaten
Für den Teig
100 g ungesalzene Erdnusskerne · 175 g Weizenmehl · 1 Msp. Backpulver
175 g Zucker · 1 P. Vanillezucker · 1 Prise Salz · 1 frisches Ei · 1 frisches Eigelb · 100 g Butter
Für den Belag
25 g ungesalzene Erdnusskerne · 2 EL Kondensmilch
Für die Füllung
75 g Erdnusscreme

Für 50 Stück
Zubereitungszeit: ca. 45 Min.
Kühlzeit: ca. 30 Min.
Backzeit: ca. 8 Min.
ca. 70 kcal je Stück

1. Die Erdnüsse fein mahlen und in einer Pfanne ohne Fett goldbraun rösten. Das Mehl mit dem Backpulver mischen und in eine Rührschüssel sieben.

2. Zucker, Vanillezucker, Salz, Ei, Eigelb, Butter und die Erdnüsse zugeben. Alles kurz mit den Knethaken eines Handrührgeräts durcharbeiten und auf der bemehlten Arbeitsfläche zu einem glatten Teig verkneten. Den Teig etwa 30 Minuten im Kühlschrank kalt stellen.

3. Den Backofen auf 200 °C (Umluft 170 °C; Gas Stufe 3) vorheizen. Den Teig auf der leicht bemehlten Arbeitsfläche dünn ausrollen und Rauten von 6 x 4 cm ausstechen. Ein Backblech mit Backpapier auslegen, die Rauten darauf geben und etwa 8 Minuten backen.

4. Für den Belag die Erdnusskerne grob hacken. Die Hälfte der Rauten mit Kondensmilch bestreichen und mit den gehackten Erdnüssen bestreuen. Die Rauten etwa 8 Minuten auf der mittleren Schiene im Ofen hellbraun backen. Die Plätzchen abkühlen lassen.

5. Für die Füllung etwas Erdnusscreme auf die Rauten ohne Belag streichen, jeweils eine bestreute Raute darauf legen und leicht andrücken.

Mit Haselnuss & Mandelkern

Zutaten

Für den Teig
175 g Weizenmehl · ½ TL Backpulver · 90 g Zucker · 1 P. Vanillezucker · 1 Prise Salz · 2 frische Eigelbe · 100 g gemahlene, ungeschälte Haselnusskerne · 125 g Butter

Für den Belag
3 frische Eiweiße · 180 g Zucker · 120 g gemahlene, ungeschälte Haselnusskerne
55 ganze Haselnusskerne

Für 55 Stück
Zubereitungszeit: ca. 45 Min.
Kühlzeit: 1 Std.
Backzeit: ca. 10 Min.
ca. 80 kcal je Stück

Haselnusshütchen
Mürbeteig · Baisermasse

1 Mehl und Backpulver mischen und in eine Rührschüssel sieben. Zucker, Vanillezucker, Salz, Eigelbe, Haselnusskerne und Butter zugeben und alles kurz mit den Knethaken eines Handrührgeräts durcharbeiten.

2 Den Teig auf der bemehlten Arbeitsfläche glatt kneten und zu 2 Rollen mit je 4 cm Ø formen. Die Rollen etwa 1 Stunde im Kühlschrank kalt stellen.

3 Ein Backblech mit Backpapier belegen. Von den Teigrollen etwa ½ cm dicke Scheiben abschneiden und auf das Backblech legen. Den Backofen auf 200 °C (Umluft 170 °C; Gas Stufe 3) vorheizen.

4 Für den Belag die Eiweiße mit den Rührbesen des Handrührgeräts auf höchster Stufe schaumig schlagen. Den Zucker nach und nach einrieseln lassen und so lange rühren, bis eine cremige Masse entstanden ist. Zum Schluss die gemahlenen Haselnusskerne unterrühren.

5 Die Masse in einen Spritzbeutel mit 10er-Lochtülle füllen und gleichmäßig in großen Tupfen auf die Scheiben spritzen. Auf jedes Hütchen eine Haselnuss setzen und die Plätzchen auf der mittleren Schiene im Ofen etwa 10 Minuten backen.

- Geschenk
- klassisch
- preiswert
- schnell
- ausgefallen
- einfach

Marzipanstollen
Hefeteig

- Geschenk
- klassisch
- preiswert
- schnell
- ausgefallen
- einfach

1 Das Butterschmalz mit der Milch in einem Topf bei mäßiger Hitze zerlassen und wieder etwas abkühlen lassen. Das Mehl in eine Rührschüssel sieben und die Hefe darunter mischen. Milch, flüssiges Butterschmalz, Eigelb, Salz, Zucker, Vanillezucker, Orangenschale, Zimt, Zitronat und Mandeln zum Mehl geben. Alles mit den Knethaken eines Handrührgeräts auf höchster Stufe verkneten. Den Hefeteig zugedeckt an einem warmen Ort etwa 45 Minuten gehen lassen.

2 Für die Füllung die Marzipanrohmasse zerbröseln, Puderzucker hineinsieben und mit Likör, Orangeat und Eigelb verkneten. Den Hefeteig auf die bemehlte Arbeitsfläche legen, Rum-Rosinen dazugeben und alles glatt kneten. Den Teig etwa 30 x 20 cm groß ausrollen. Die Marzipanmasse auf etwa 30 x 15 cm ausrollen, auf den Hefeteig legen, etwas andrücken und den Teig ausrollen.

3 Den Teig mit dem Nudelholz längs in der Mitte etwas dünner rollen. Eine Teighälfte auf die andere schlagen und etwas andrücken. Ein Backblech mit Backpapier belegen, den Stollen daraufsetzen und an einem warmen Ort nochmals etwa 30 Minuten gehen lassen. Den Backofen auf 250 °C (Umluft 220 °C; Gas Stufe 5) vorheizen.

4 Das Blech auf der zweiten Schiene von unten in den Ofen schieben, auf 170 °C (Umluft 140 °C; Gas Stufe 1–2) zurückschalten und den Stollen etwa 1 Stunde backen.

5 Für den Belag die Butter zerlassen, den heißen Stollen damit bestreichen und mit der Hälfte des Puderzuckers bestäuben. Den Stollen abkühlen lassen und mit dem restlichen Puderzucker bestäuben.

Zutaten
Für den Teig
150 g Butterschmalz · 100 ml Milch · 400 g Weizenmehl · 1 P. Trockenhefe · 1 frisches Eigelb · 1 Prise Salz · 50 g Zucker · 1 P. Vanillezucker · abgeriebene Schale von 1 unbehandelten Orange · $1/2$ TL gemahlener Zimt · 100 g gewürfeltes Zitronat · 100 g gehackte Mandeln
Für die Füllung
150 g Marzipanrohmasse · 100 g Puderzucker · 1 EL Orangenlikör · 50 g gewürfeltes Orangeat · 1 frisches Eigelb · 125 g Rum-Rosinen
Für den Belag
70 g Butter · 70 g Puderzucker

Für ca. 25 Stücke
Zubereitungszeit: ca. 30 Min.
Gehzeit: ca. 1 $1/4$ Std.
Backzeit: ca. 1 Std.
ca. 260 kcal je Stück

Mit Haselnuss & Mandelkern

Mit Haselnuss & Mandelkern

Zutaten

Für den Teig
250 g Weizenmehl · 1 Msp. Backpulver · 100 g Zucker · 1 P. Vanillezucker · 1 Prise Salz · 1 Spritzer Zitronensaft · 2 EL trockener Weißwein · 150 g Butter

Für die Dekoration
1 unbehandelte Zitrone · 100 g Puderzucker · 1–2 EL trockener Weißwein

Für 70 Stück
Zubereitungszeit: ca. 50 Min.
Kühlzeit ca. 30 Min.
Backzeit ca. 8 Min.
ca. 40 kcal je Stück

Zitronen-Wein-Sterne
Mürbeteig

- Geschenk
- klassisch
- preiswert
- schnell
- ausgefallen
- einfach

1 Mehl und Backpulver mischen und in eine Rührschüssel sieben. Zucker, Vanillezucker, Salz, Zitronensaft, Weißwein und Butter zugeben. Alles kurz mit den Knethaken eines Handrührgeräts durcharbeiten und auf der Arbeitsfläche zu einem glatten Teig verkneten. Den Teig 30 Minuten im Kühlschrank kalt stellen.

2 Den Backofen auf 200 °C (Umluft 170 °C; Gas Stufe 3) vorheizen. Ein Backblech mit Backpapier auslegen. Den Teig auf der leicht bemehlten Arbeitsfläche dünn ausrollen. Sterne ausstechen, auf das Backblech legen und auf der mittleren Schiene im Ofen etwa 8 Minuten backen.

3 Für die Dekoration die Zitrone waschen, trockenreiben und aus der Schale Zesten reißen. Den Puderzucker sieben und nach und nach unter den Weißwein rühren. Die erkalteten Plätzchen mit dem Puderzuckerguss bestreichen und den Zesten bestreuen.

Tipp
Mithilfe eines Zestenreißers können Sie die Schale einer Zitrone ganz leicht in feinen, dünnen Streifen abschneiden. Einen Zestenreißer bekommen Sie im gut sortierten Haushaltswarengeschäft.

Mit vielerlei Früchten

Zutaten

150 g getrocknete Feigen ·
3 frische Eiweiße · 250 g Puderzucker

250 g gehackte Mandeln ·
abgeriebene Schale von 1 unbehandelten Zitrone · 40 kleine Oblaten

Für 40 Stück
Zubereitungszeit: ca. 45 Min.
Ruhezeit: ca. 2 Std.
Backzeit: ca. 20 Min.
ca. 70 kcal je Stück

Feigenmakronen
Baisermasse

1 Den Backofen auf 150 °C (Umluft 120 °C; Gas Stufe 1–2) vorheizen. Die Feigen fein hacken. Das Eiweiß mit den Besen eines Handrührgeräts auf höchster Stufe steif schlagen. Den Puderzucker nach und nach einrieseln lassen.

2 Feigen, Mandeln und Zitronenschale vorsichtig unterheben. Mit 2 Teelöffeln Häufchen auf die Oblaten setzen. Die Oblaten auf ein mit Backpapier ausgelegtes Backblech setzen und die Makronen etwa 2 Stunden antrocknen lassen.

3 Die Plätzchen etwa 20 Minuten auf der mittleren Schiene im Ofen backen. Die Makronen sollen außen knusprig und innen weich sein. Auf einem Kuchengitter auskühlen lassen.

Tipps
Statt Feigen können Sie auch 150 g verschiedene getrocknete Früchte verwenden. Eiweiß erst kurz vor der Verarbeitung steif schlagen. Wenn der Eischnee eine Weile steht, verliert er seine Festigkeit, und er lässt sich nicht noch einmal aufschlagen. Sie können die Feigenmakronen zusätzlich mit Feigenstückchen belegen.

- Geschenk
- klassisch
- preiswert
- schnell
- ausgefallen
- einfach

Mit vielerlei Früchten

Himbeerherzen
Blätterteig

- Geschenk
- klassisch
- preiswert
- schnell
- ausgefallen
- einfach

Zutaten
Für den Teig
250 g Weizenmehl · 200 g Butter · 3 EL saure Sahne
Für den Belag
etwas Kondensmilch
Für die Füllung
200 g Himbeerkonfitüre · 50 g Hagelzucker

Für 35 Stück
Zubereitungszeit: ca. 1 Std.
Kühlzeit: ca. 1 Std.
Backzeit: ca. 15 Min.
ca. 90 kcal je Stück

1 Das Mehl in eine Rührschüssel sieben, Butter und saure Sahne zugeben. Alles kurz mit den Knethaken eines Handrührgeräts durcharbeiten und auf der bemehlten Arbeitsfläche zu einem glatten Teig verkneten. Den Teig etwa 1 Stunde im Kühlschrank kalt stellen.

2 Den Backofen auf 200 °C (Umluft 170 °C; Gas Stufe 3) vorheizen. Ein Backblech mit Backpapier auslegen. Den Teig auf der leicht bemehlten Arbeitsfläche etwa $1/2$ cm dick ausrollen und Herzen ausstechen. Die Hälfte der Herzen auf das Backblech legen und mit Kondensmilch bestreichen.

3 Aus den anderen Herzen mit einem kleineren Ausstecher Löcher in Herzform ausstechen, mit Kondensmilch bestreichen und auf die Plätzchen auf dem Backblech setzen.

4 Die Herzen etwa 15 Minuten im unteren Drittel des Ofens hellbraun backen und auf dem Blech erkalten lassen.

5 Für die Füllung die Himbeerkonfitüre etwa 2 Minuten unter ständigem Rühren sprudelnd kochen lassen und die heiße Konfitüre mit einem Teelöffel in die Herzen füllen. Die Himbeerherzen mit Hagelzucker bestreuen.

Tipps
Die heiße Konfitüre bildet schnell eine Haut und lässt sich dann schlecht einfüllen. Sie sollte daher zwischendurch erneut kochen, damit sich die Haut wieder verflüssigt.
Mit einer Einwegspritze können Sie die Konfitüre sehr genau einfüllen. Streichen Sie dazu die Konfitüre vor dem Kochen durch ein Sieb, um die Kerne herauszufiltern. Kochen Sie die Konfitüre wie im Rezept angegeben. Dann füllen Sie die Konfitüre in die Spritze und spritzen sie in die herzförmigen Löcher.

Mit vielerlei Früchten

Mit vielerlei Früchten

Orangenplätzchen mit Guss
Rührteig

- Geschenk
- klassisch
- preiswert
- schnell
- ausgefallen
- einfach

Zutaten
Für den Teig
200 g Butter · 125 g feiner Zucker · 1 Msp. Salz · 1/2 TL gemahlener Zimt · 1 Msp. Ingwer · abgeriebene Schale von 1 unbehandelten Orange · 1 frisches Ei

325 g Weizenmehl

Fett für das Blech

Für den Guss
200 g Puderzucker · 3–4 EL Orangenlikör · 4 kandierte Orangenscheiben

Für ca. 75 Stück
Zubereitungszeit: ca. 1 Std.
Kühlzeit: 1 Std.
Backzeit: ca. 30 Min.
ca. 60 kcal je Stück

1 Die Butter mit den Rührbesen eines Handrührgeräts auf höchster Stufe geschmeidig rühren. Den Zucker langsam einrieseln lassen und so lange rühren, bis eine cremige Masse entstanden ist. Salz, Zimt, Ingwer, Orangenschale und Ei in die Teigmasse rühren.

2 Das Mehl sieben und portionsweise unter die Eimasse rühren. Auf der bemehlten Arbeitsfläche einen glatten Teig kneten und etwa 1 Stunde kalt stellen.

3 Den Backofen auf 180 °C (Umluft 150 °C; Gas Stufe 2–3) vorheizen. Ein Backblech einfetten. Den Teig etwa 1/2 cm dick ausrollen, runde Plätzchen mit gezacktem Rand ausstechen und diese auf das Backblech setzen. Die Plätzchen auf der mittleren Schiene im Ofen etwa 15 Minuten backen, dann abkühlen lassen.

4 Für den Guss Puderzucker sieben, mit dem Likör zu einer dickflüssigen Masse verrühren und die Plätzchen damit bestreichen. Die Orangenscheiben in Stücke schneiden und damit die Plätzchen verzieren.

Tipp
Damit der Teig nach dem Kühlen nicht wieder zu weich wird, schneiden Sie immer nur so viel ab, wie Sie für ein Blech benötigen. Den restlichen Teig legen Sie wieder in den Kühlschrank.

Mit vielerlei Früchten

Zutaten

Für den Teig
200 g Bananenchips · 150 g Weizenmehl · 1 EL Kakaopulver · 1 Msp. Backpulver
75 g Zucker · 1 P. Vanillezucker · 1 frisches Ei · 150 g Butter

Für die Dekoration
50 g Zartbitterkuvertüre · bunte Zuckerstreusel, nach Belieben

Für 60 Stück
Zubereitungszeit: ca. 45 Min.
Kühlzeit: 30 Min.
Backzeit: ca. 8 Min.
ca. 50 kcal je Stück

Braunbären mit Banane
Mürbeteig

1 Die Bananenchips fein mahlen. Mehl, Kakao und Backpulver mischen und in eine Rührschüssel sieben.

2 Gemahlene Bananenchips, Zucker, Vanillezucker, Ei und Butter zugeben. Alles kurz mit den Knethaken eines Handrührgeräts durcharbeiten und auf der Arbeitsfläche zu einem glatten Teig verkneten. Den Teig 30 Minuten im Kühlschrank kalt stellen.

3 Den Backofen auf 200 °C (Umluft 170 °C; Gas Stufe 3) vorheizen. Ein Backblech mit Backpapier auslegen. Den Teig auf leicht bemehlter Arbeitsfläche dünn ausrollen, Bären ausstechen und auf das Backblech legen. Die Bären etwa 8 Minuten auf der mittleren Schiene backen.

4 Zum Dekorieren die Kuvertüre in Stücke brechen und im Wasserbad schmelzen. Die Pfoten der Bären mit der Kuvertüre bestreichen. Die Bären nach Belieben mit bunten Zuckerstreuseln bestreuen.

Tipp
Wenn Sie die Bären mit Puderzuckerglasur verzieren möchten, verrühren Sie dazu 50–75 g gesiebten Puderzucker nach und nach mit 1 TL Zitronensaft. Die Glasur füllen Sie in einen Spritzbeutel mit möglichst kleiner Lochtülle oder Papierspritztüte und spritzen z. B. Augen, Mund und Tatzen auf die Bären.

- Geschenk
- klassisch
- preiswert
- schnell
- ausgefallen
- einfach

Mit vielerlei Früchten

Fruchtige Quarkzapfen
Hefeteig

- Geschenk
- klassisch
- preiswert
- schnell
- ausgefallen
- einfach

Zutaten
Für den Teig
375 g Weizenmehl · 50 ml lauwarme Milch · 1 P. Trockenhefe
100 g Zucker · 1 P. Vanillezucker ·
1 Prise Salz · abgeriebene Schale von 1 unbehandelten Zitrone · abgeriebene Schale von 1 unbehandelten Orange · 2 frische Eigelbe · 175 g Quark (20 % Fett) · 150 g flüssige Butter
Für die Dekoration
125 g flüssige Butter ·
50 g Puderzucker

1 Die Hälfte des Mehls in eine Rührschüssel sieben, darin eine Mulde formen, die Milch hineingießen und die Hefe unter die Milch mengen. Den Vorteig zugedeckt etwa 15 Minuten an einem warmen Ort gehen lassen.

2 Das restliche Mehl, Zucker, Vanillezucker, Salz, Zitronen- und Orangenschale, Eigelbe, Quark und Butter zugeben und alles mit den Knethaken des Handrührgeräts zu einem glatten Teig verkneten. Den Teig zugedeckt etwa 30 Minuten an einem warmen Ort gehen lassen.

3 Den Backofen auf 220 °C (Umluft 190 °C; Gas Stufe 2–3) vorheizen. Den Teig auf der bemehlten Arbeitsfläche gut durchkneten, zu einer Rolle formen und in 24 Stücke teilen. Jedes Stück zu einer Kugel formen, die an einer Seite spitz zuläuft.

4 An der spitzen Seite beginnend mit einer Schere Zacken in den Teig schneiden, sodass ein schuppiges Zapfenmuster entsteht. Ein Backblech mit Backpapier belegen, die Zapfen darauf legen und nochmals etwa 20 Minuten zugedeckt gehen lassen. Die Quarzapfen auf der mittleren Schiene im Ofen etwa 12 Minuten backen.

5 Für die Dekoration die Zapfen sofort nach dem Backen mit der Hälfte der flüssigen Butter bestreichen und mit der Hälfte des Puderzuckers bestäuben. Nach 15 Minuten den Vorgang noch einmal wiederholen.

Für 24 Stück
Zubereitungszeit: ca. 1 Std.
Gehzeit: ca. 1 Std.
Backzeit: ca. 12 Min.
ca. 180 kcal je Stück

Tipps
Die Quarkzapfen schmecken frisch oder 1 Tag alt am besten.
Statt abgeriebener Zitronen- und Orangenschale können Sie auch Zitronenzucker und Orangeback benutzen.

Mit vielerlei Früchten

Mit vielerlei Früchten

Zutaten
Für den Teig
250 g Honig · 250 g Zucker · 1 Prise Salz · Schale von 1 unbehandelten Zitrone · 1 TL gemahlene Nelken · 1 TL gemahlener Zimt · 1 Msp. geriebene Muskatnuss
400 g Weizenmehl · 2 TL Backpulver · 100 g gewürfeltes Zitronat · 50 g gewürfeltes Orangeat · 200 g gehackte Mandeln

Für die Glasur
100 g Puderzucker · 3 EL Kirschwasser

Für ca. 50 Stück
Zubereitungszeit: ca. 45 Min.
Backzeit: ca. 25 Min.
ca. 100 kcal je Stück

Basler Leckerli
Lebkuchenteig

- Geschenk
- klassisch
- preiswert
- schnell
- ausgefallen
- einfach

1 In einem kleinen Topf bei mäßiger Hitze den Honig mit Zucker, Salz und 4 EL Wasser schmelzen. Alles in eine Rührschüssel geben und kalt stellen. Unter die fast erkaltete Masse mit den Knethaken eines Handrührgeräts auf höchster Stufe Zitronenschale, Nelken, Zimt und Muskatnuss rühren.

2 Mehl mit dem Backpulver durchsieben und zwei Drittel unter den Teig rühren. Zitronat, Orangeat, Mandeln und zuletzt das restliche Mehl unter den Teig kneten. Den Backofen auf 180 °C (Umluft 150 °C; Gas Stufe 2–3) vorheizen.

3 Ein Backblech einfetten und darauf den Teig gut $1/2$ cm dick ausrollen, dabei leicht mit Mehl bestäuben. Den Teig auf der mittleren Schiene im Ofen etwa 25 Minuten backen.

4 Für die Glasur den Puderzucker sieben und dann mit dem Kirschwasser kurz aufkochen. Das Gebäck sofort nach dem Backen vom Blech lösen und mit der heißen Glasur bestreichen. Das Gebäck in Rechtecke von 6 x 4 cm schneiden.

Tipp
Sie können die Basler Leckerli auch zusätzlich mit Belegkirschen verzieren.

Mit vielerlei Früchten

Mohnschlaufen
Mürbeteig

Zutaten
Für den Teig
250 g Weizenmehl · 1 Msp. Backpulver · 125 g Zucker · 1 P. Vanillezucker · 1 Prise Salz · 1 frisches Ei · 125 g Butter
Für die Füllung
75 ml Milch · 70 g gemahlener Mohn · 1 P. Vanillezucker
25 g Marzipan · 1 EL Honig · 25 g gehackte Sultaninen
Für den Belag
1 EL Kondensmilch · 1 EL gemahlener Mohn

Für 50 Stück
Zubereitungszeit: ca. 45 Min.
Kühlzeit: 30 Min.
Backzeit: ca. 10 Min.
ca. 60 kcal je Stück

Geschenk
klassisch
preiswert
schnell
ausgefallen
einfach

1 Das Mehl mit dem Backpulver mischen, in eine Rührschüssel sieben und Zucker, Vanillezucker, Salz, Ei sowie Butter zugeben. Alles kurz mit den Knethaken eines Handrührgeräts durcharbeiten und auf der bemehlten Arbeitsfläche zu einem glatten Teig verkneten. Den Teig etwa 30 Minuten im Kühlschrank kalt stellen.

2 Inzwischen für die Füllung von der Milch 2 TL abnehmen. Die restliche Milch in einem Topf aufkochen. Mohn und Vanillezucker vermengen und in die kochende Milch rühren. Alles 1–2 Minuten bei mittlerer Hitze gut verrühren, bis die Masse klumpig wird. Dann den Topf vom Herd nehmen.

3 Die abgenommene Milch unter die Marzipanrohmasse kneten. Marzipan, Honig und Sultaninen unter die Mohnmasse rühren. Den Backofen auf 200 °C (Umluft 170 °C; Gas Stufe 3) vorheizen.

4 Den Teig auf einer leicht bemehlten Arbeitsfläche knapp 1/2 cm dick zu einem Rechteck von 42 x 28 cm ausrollen. Den Teig an der längeren Seite halbieren. Die Mohnmasse mit einem feuchten Löffelrücken gleichmäßig auf eine Teighälfte verstreichen und den anderen Teig passend darauf legen.

5 Streifen von 1 1/2 x 7 cm aus dem Teig schneiden, mit Kondensmilch bestreichen und den Mohn darauf streuen. Die Streifen 1/2 mal in sich gedreht auf ein mit Backpapier belegtes Backblech legen und auf der mittleren Schiene im Ofen etwa 10 Minuten backen.

Mit vielerlei Früchten

Kleine Früchtestollen
Mürbeteig

- Geschenk
- klassisch
- preiswert
- schnell
- ausgefallen
- einfach

1 Die Aprikosen und Kirschen würfeln und mit Rosinen, Korinthen, Zitronat, Orangeat und Rum vermischen. Alles zugedeckt etwa 3 Stunden stehen lassen.

2 Mehl und Backpulver in eine Rührschüssel sieben. Die Vanilleschote aufschlitzen, das Mark herauskratzen und mit Zucker, Salz, Lebkuchengewürz, Eiern, Margarine und Quark zum Mehl geben. Alles mit den Knethaken eines Handrührgeräts auf höchster Stufe zu einem Teig verkneten. Mandeln und Rumfrüchte hinzufügen und den Teig auf der bemehlten Arbeitsfläche glatt kneten.

3 Den Backofen auf 250 °C (Umluft 220 °C; Gas Stufe 5) vorheizen. Den Teig in 3 Teile teilen. Jedes Teil zu einer Rolle von etwa 15 cm Länge formen. Mit dem Nudelholz längs in der Mitte etwas dünner rollen, eine Teighälfte über die andere schlagen und etwas andrücken. Ein Backblech mit Backpapier belegen und die Stollen darauf geben.

4 Das Blech auf der zweiten Schiene von unten in den Ofen schieben, die Temperatur auf 170 °C (Umluft 140 °C; Gas Stufe 1–2) zurückschalten und die Stollen etwa 45 Minuten backen.

5 Für den Belag die Butter zerlassen, die heißen Stollen damit bestreichen und mit der Hälfte des Puderzuckers bestäuben. Die Stollen abkühlen lassen und mit dem restlichen Puderzucker bestäuben.

Zutaten
Für den Teig
100 g getrocknete Aprikosen ·
50 g rote Belegkirschen ·
150 g Rosinen · 150 g Korinthen ·
100 g gewürfeltes Zitronat ·
100 g gewürfeltes Orangeat ·
100 ml Rum
500 g Weizenmehl · 1 P. Backpulver · 1 Vanilleschote ·
150 g Zucker · 1 Prise Salz ·
2 TL Lebkuchengewürz ·
2 frische Eier · 200 g Margarine ·
250 g Magerquark · 250 g abgezogene, gemahlene Mandeln
Für den Belag
80 g Butter · 80 g Puderzucker

Für 40 Stück
Zubereitungszeit: ca. 1 Std.
Einweichzeit: ca. 3. Std.
Backzeit: ca. 45 Min.
ca. 210 kcal je Stück

Mit vielerlei Früchten

Mit vielerlei Früchten

Früchtebrot
Hefeteig

- Geschenk
- klassisch
- preiswert
- schnell
- ausgefallen
- einfach

Zutaten
Für den Teig
125 g getrocknete Birnen ·
125 g getrocknete Aprikosen ·
50 g getrocknete Pflaumen ·
50 g Belegkirschen · 75 g Walnusskerne
60 ml Milch · 1 Würfel frische Hefe · 100 g Zucker
100 g Butter · 500 g Weizenmehl · 1 Prise Salz · abgeriebene Schale von 1 unbehandelten Orange · 1 TL Lebkuchengewürz · 100 g Rosinen · 100 g gewürfeltes Orangeat
Zum Bestreichen
1 Eigelb · 2 EL Milch

Für 20 Stück
Zubereitungszeit:
ca. 1 1/2 Std.
Gehzeit: ca. 1 1/4 Std.
Backzeit: ca. 1 1/4 Std.
ca. 250 kcal je Stück

1 Birnen, Aprikosen, Pflaumen und Belegkirschen in kleine Würfel schneiden. Die Walnusskerne hacken.

2 Die Milch leicht erwärmen. Die Hefe zerbröckeln, mit 1/2 TL Zucker und der Milch verrühren und 15 Minuten an einem warmen Ort stehen lassen.

3 Die Butter zerlassen und etwas abkühlen lassen. Das Mehl in eine Rührschüssel sieben. Restlichen Zucker, Salz, Butter, Orangenschale, Lebkuchengewürz und Hefeansatz dazugeben und mit dem Knethaken eines Handrührgeräts auf höchster Stufe 5 Minuten zu einem Teig verkneten und Früchte, Nüsse, Rosinen sowie Orangeat darunter mengen. Den Teig zugedeckt 30 Minuten an einem warmen Ort gehen lassen.

4 Den Teig auf der bemehlten Arbeitsfläche zu einem Brot formen und auf ein mit Backpapier ausgelegtes Backblech setzen. Den Teig erneut zugedeckt an einem warmen Ort 30 Minuten gehen lassen. Den Backofen auf 180 °C (Umluft 150 °C; Gas Stufe 2–3) vorheizen.

5 Das Eigelb mit der Milch verrühren und das Brot damit einpinseln. Das Blech auf der zweiten Schiene von unten in den Backofen schieben und das Früchtebrot etwa 1 1/4 Stunden backen.

Tipp
Das Früchtebrot entfaltet erst nach einigen Tagen sein ganzes Aroma. Wenn Sie es gut in Alu- oder Klarsichtfolie verpacken, bleibt es lange frisch.

Mit vielerlei Früchten

Mit vielerlei Früchten

Ingwerkipferl

Mürbeteig

- Geschenk
- klassisch
- preiswert
- schnell
- ausgefallen
- einfach

Zutaten
Für den Teig
30 g eingelegter Ingwer · 250 g Weizenmehl · 75 g Zucker · 1 EL Honig · 1 Prise Salz · 1 frisches Eigelb · 1 TL Ingwersirup (Einlegeflüssigkeit vom Ingwer) · ½ TL gemahlener Zimt · 1 Msp. gemahlene Nelke · 125 g Butter
Für die Dekoration
100 g Puderzucker · ½ TL Zimt

Für 56 Stück
Zubereitungszeit: ca. 30 Min.
Kühlzeit: ca. 30 Min.
Backzeit: ca. 8 Min.
ca. 50 kcal je Stück

1 Den Ingwer durch eine Knoblauchpresse drücken. Mehl in eine Rührschüssel sieben. Zucker, Honig, Salz, Eigelb, Ingwer, Ingwersirup, Zimt, Nelke und Butter zugeben und kurz durcharbeiten.

2 Den Teig auf der bemehlten Arbeitsfläche glatt kneten, zu einer etwa 2 cm dicken Rolle formen und 30 Minuten kalt stellen.

3 Den Ofen auf 200 °C (Umluft 170 °C; Gas Stufe 3) vorheizen. Von der Rolle etwa 1 cm dicke Stücke abschneiden und zu Kipferln formen. Auf ein mit Backpapier belegtes Backblech legen und etwa 8 Minuten auf mittlerer Schiene backen.

4 Für die Dekoration Puderzucker und Zimt mischen. Die Kipferl noch warm mit dem Zimt-Zucker bestäuben.

Zimtblätter

Falsche Hippenmasse

- Geschenk
- klassisch
- preiswert
- schnell
- ausgefallen
- einfach

Zutaten
Für den Teig
1 frisches Ei · 50 g Puderzucker · 1 Prise Salz · 50 g Weizenmehl · 10 g Speisestärke · 1 TL Zimt
Fett und Mehl für die Form
Für die Dekoration
50 g Zartbitterkuvertüre · 5 g Kokosfett · 50 g Puderzucker

Für 32 Stück
Zubereitungszeit: ca. 45 Min.
Backzeit: ca. 5 Min.
ca. 30 kcal je Stück

1 In dicke, feste Pappe ein Loch in Blattform schneiden und als Schablone benutzen. Ei, Puderzucker und Salz verrühren. Mehl, Stärke und Zimt mischen, sieben und unter die Masse rühren.

2 Den Backofen auf 180 °C (Umluft 150 °C; Gas Stufe 2–3) vorheizen. Ein Backblech einfetten und mit Mehl bestäuben. Die Schablone auf das Blech legen und mit einem Messer etwa ½ TL Masse darin verstreichen. So die ganze Masse verarbeiten. Die Zimtblätter auf der mittleren Schiene im Ofen etwa 5 Minuten backen. Die Blätter noch heiß über ein Nudelholz legen und in Form bringen.

3 Die Kuvertüre in Stücke brechen und in einer Schüssel im Wasserbad mit dem Kokosfett schmelzen. Die Zimtblätter auf der Unterseite und am Rand mit Kuvertüre bestreichen. Mit Puderzucker bestäuben.

Mit Gewürzen aus aller Welt

Mit Gewürzen aus aller Welt

Honigkuchen vom Blech
Lebkuchenteig

- Geschenk
- klassisch
- preiswert
- schnell
- ausgefallen
- einfach

Zutaten
Für den Teig
350 g Honig · 200 g Margarine · 120 g feiner Zucker
2 frische Eier · 1 EL Lebkuchengewürz · abgeriebene Schale von 1 unbehandelten Orange · 2 TL gemahlener Zimt
500 g Weizenmehl · 1 P. Backpulver · 1 EL Kakao · $1/8$ l Milch · 150 g gewürfeltes Zitronat · 100 g gehackte Haselnusskerne · 100 g gewürfeltes Orangeat
Fett für das Blech
Zum Garnieren
100 g Mandeln · 25 g Belegkirschen
Für den Guss
1 frisches Eiweiß

Für 50 Stück
Zubereitungszeit: ca. 30 Min.
Backzeit: ca. 30 Min.
ca. 150 kcal je Stück

1 In einem Topf bei mäßiger Hitze Honig, Margarine und Zucker schmelzen. Alles in eine Rührschüssel geben und kalt stellen.

2 Eier, Lebkuchengewürz, Orangenschale und Zimt mit den Besen eines Handrührgeräts auf höchster Stufe unter die feste Honigmasse rühren.

3 Mehl, Backpulver und Kakao mischen, sieben und auf mittlerer Stufe abwechselnd mit der Milch unter die Honigmasse rühren. Zitronat, Haselnüsse und Orangeat unter den Teig heben.

4 Den Backofen auf 180 °C (Umluft 150 °C; Gas Stufe 2–3) vorheizen. Ein Backblech einfetten, und den Teig gleichmäßig darauf verteilen. Die Mandeln überbrühen, abschrecken und die Haut abziehen. Die Mandeln halbieren und die Belegkirschen vierteln. Mit Lineal und Messer auf dem Teig 5 x 5 cm große Stücke markieren.

5 Für den Guss das Eiweiß mit 1 EL Wasser verquirlen und den Teig damit bestreichen. Mit Mandeln und Belegkirschen garnieren und den Kuchen auf der mittleren Schiene im Ofen etwa 30 Minuten backen. Nach dem Backen in Stücke schneiden.

Tipp
Statt abgeriebener Orangenschale können Sie auch 1 P. Orangeback nehmen.

Belegkirschen
Belegkirschen sind Kirschen, die in einer starken Zuckerlösung gekocht und kandiert wurden. Es gibt sie in Gelb (ungefärbt), Rot und Grün. Sie eignen sich für die Dekoration von Kuchen und Plätzchen.

Mit Gewürzen aus aller Welt

Gewürzbiskuits
Biskuit

- Geschenk
- klassisch
- **preiswert**
- **schnell**
- **ausgefallen**
- einfach

Zutaten
Für den Teig
4 frische Eigelbe · 100 g Zucker
4 frische Eiweiße · 1 Prise Salz ·
130 g Mehl · ½ gestrichener TL gemahlener Zimt · 1 Msp. gemahlene Nelke · 1 Msp. gemahlener Kardamom

Für den Belag
100 g Zucker ·
½ gestrichener TL Zimt

Für ca. 56 Stück
Zubereitungszeit: ca. 30 Min.
Backzeit: ca. 8 Min.
ca. 30 kcal je Stück

1 Den Backofen auf 200 °C (Umluft 170 °C; Gas Stufe 3) vorheizen. Ein Backblech mit Backpapier auslegen. Die Eigelbe mit einem Drittel des Zuckers mit den Rührbesen eines Handrührgeräts auf höchster Stufe schaumig schlagen.

2 Die Eiweiße mit dem restlichen Zucker und dem Salz mit den Rührbesen eines Handrührgeräts auf höchster Stufe zu Eischnee schlagen. Den Eischnee schnell unter die Eigelbmasse heben. Das Mehl mit dem Zimt, der Nelke und dem Kardamom mischen, sieben und ebenfalls schnell unterheben.

3 Die Biskuitmasse in einen Spritzbeutel mit 8er-Lochtülle füllen und in etwa 6 cm langen Streifen auf das Blech spritzen.

4 Für den Belag den Zucker mit dem Zimt mischen und über die Biskuitstreifen streuen. Die Gewürzbiskuits etwa 8 Minuten auf der mittleren Schiene im Ofen backen.

Tipps
Die Biskuits sehen schöner aus, wenn Sie die Enden jeweils etwas dicker spritzen. Der Zuckerbelag wird gleichmäßiger, wenn Sie den Zimt-Zucker auf eine flache Platte streuen. Die Gewürzbiskuits spritzen Sie auf etwa 8 cm breite Backpapierstreifen. Dann nehmen Sie den Papierstreifen, drehen ihn um, tauchen die Biskuits in den Zucker und backen sie wie oben beschrieben.

Mit Gewürzen aus aller Welt

Zutaten
250 g Weizenmehl · 1 TL Backpulver · 125 g Zucker · 1 P. Vanillezucker · 1 Msp. gemahlener Kardamom · 1 Msp. gemahlene Nelken · ½ TL gemahlener Zimt · 1 frisches Ei · 100 g Butter · 50 g abgezogene, gemahlene Mandeln
Fett für das Blech

Für ca. 60 Stück
Zubereitungszeit:
ca. 1 ½ Std.
Kühlzeit: ca. 1 Std.
Backzeit: ca. 15 Min.
ca. 30 kcal je Stück

Gewürzspekulatius
Mürbeteig

1 Mehl und Backpulver in eine Rührschüssel sieben. Zucker, Vanillezucker, Kardamom, Nelken, Zimt und Ei dazugeben. Die Butter in Stücke schneiden und mit den Mandeln hinzufügen.

2 Alle Zutaten mit den Knethaken eines Handrührgeräts gut durcharbeiten und auf der bemehlten Arbeitsfläche zu einem glatten Teig verkneten. Dann den Teig etwa 1 Stunde kalt stellen.

3 Den Backofen auf 180 °C (Umluft 150 °C; Gas Stufe 2–3) vorheizen. Ein Backblech einfetten. Den Teig in kleinen Portionen in einen gut gemehlten Holzmodel drücken und den überstehenden Teig mit einem Messer abschneiden. Die Plätzchen aus dem Model schlagen und auf ein gefettetes Backblech setzen. Auf der mittleren Schiene im Ofen etwa 15 Minuten backen.

- Geschenk
- klassisch
- preiswert
- schnell
- ausgefallen
- einfach

Tipps
Die Spekulatius werden goldgelb, wenn sie vor dem Backen mit Eigelb bestrichen werden.
Wenn Sie keinen Holzmodel zu Hause haben, können Sie den Teig natürlich auch mit normalen Ausstechformen ausstechen.

Mit Gewürzen aus aller Welt

Weihnachtsbrownies
Rührteig

- Geschenk
- klassisch
- preiswert
- schnell
- ausgefallen
- einfach

Zutaten
Für den Teig
200 g Pecannüsse · 250 g Zartbitterkuvertüre · 200 g Butter · 200 g Zucker · 1 P. Vanillezucker · $^{1}/_{2}$ gestr. TL Salz · 1 gestr. TL gemahlener Zimt · 1 Msp. gemahlene Nelke · 1 Msp. gemahlener Kardamom
Fett für den Backrahmen
4 frische Eier · 1 TL Rum · 125 g Weizenmehl · 1 Msp. Backpulver
Für den Guss
100 g Puderzucker · 1 EL Rum

Für 99 Stück
Zubereitungszeit: ca. 30 Min.
Backzeit: ca. 20 Min.
ca. 65 kcal je Stück

1 Die Pecannüsse hacken. Die Kuvertüre ebenfalls klein hacken und in einem Topf im Wasserbad schmelzen. Die Butter mit den Besen eines Handrührgeräts geschmeidig schlagen. Zucker, Vanillezucker, Salz, Zimt, Nelke und Kardamom mischen, langsam einrieseln lassen und so lange rühren, bis eine cremige Masse entstanden ist.

2 Den Backofen auf 200 °C (Umluft 170 °C; Gas Stufe 3) vorheizen. Ein Backblech mit Backpapier belegen, einen Backrahmen von 27 x 33 cm darauf stellen und den Rahmen einfetten.

3 Die Eier und den Rum nach und nach unter die Masse rühren. Die flüssige Kuvertüre zugeben und unterrühren. Mehl und Backpulver mischen, sieben und darunter rühren. Die Pecannüsse unter die Masse heben.

4 Die Masse in den Backrahmen geben, gleichmäßig verstreichen und etwa 20 Minuten auf der mittleren Schiene im Ofen backen. Die Brownies mit einem Messer vom Backrahmen lösen und auf dem Blech erkalten lassen.

5 Für den Guss den Puderzucker sieben und nach und nach unter den Rum rühren. Mit einem Pinsel den Guss auf die Brownies streichen. Aus dem Gebäck mit einem scharfen Messer Quadrate von etwa 3 x 3 cm schneiden.

Tipp
Für Kinder können Sie **Apfelsaft** statt Rum verwenden.

Mit Gewürzen aus aller Welt

Mit Gewürzen aus aller Welt

Zutaten
2 frische Eier · 200 g Zucker ·
1 P. Vanillezucker ·
150 g Weizenmehl · 100 g Speisestärke · 1 EL gemahlener Anis

Für ca. 50 Stück
Zubereitungszeit: ca. 45 Min.
Trockenzeit: über Nacht
Backzeit: ca. 40 Min.
ca. 40 kcal je Stück

Anisplätzchen
Biskuit

- Geschenk
- klassisch
- preiswert
- schnell
- ausgefallen
- einfach

1 Die Eier mit den Besen eines Handrührgeräts auf höchster Stufe schaumig schlagen. Zucker und Vanillezucker langsam einrieseln lassen und so lange rühren, bis eine cremige Masse entstanden ist.

2 Mehl und Speisestärke mischen, sieben und in 2 Portionen auf mittlerer Stufe unter die Eiercreme rühren. Den Anis unterziehen.

3 Zwei Backbleche mit Backpapier auslegen und mit 2 Teelöffeln kleine Teighäufchen darauf setzen. Die Plätzchen über Nacht in einem warmen Raum trocknen lassen. Die Backbleche dabei nicht aufeinander stellen.

4 Den Backofen auf 130 °C (Umluft 100 °C; Gas Stufe 1–2) aufheizen. Die Anisplätzchen auf der mittleren Schiene im Ofen etwa 20 Minuten backen.

Tipp
Nach dem Backen können die Anisplätzchen auch mit Puderzucker verziert werden.

Mit Gewürzen aus aller Welt

Zutaten

Für den Teig
3 frische Eiweiße · 300 g Puderzucker
1 P. Vanillezucker · 1 EL gemahlener Zimt · 1 EL Kirschwasser · 350 g gemahlene Mandeln

Für ca. 45 Stück
Zubereitungszeit: ca. 1 Std.
Backzeit: ca. 30 Min.
ca. 80 kcal je Stück

Zimtsterne
Baiser

1 Die Eiweiße mit den Besen eines Handrührgeräts auf höchster Stufe steif schlagen. Den Puderzucker sieben und nach und nach einrieseln lassen. Etwa ein Drittel des Eischnees zum Bestreichen abnehmen.

2 Vanillezucker, Zimt, Kirschwasser und die Hälfte der Mandeln vorsichtig unter den Eischnee ziehen. Vom Rest der Mandeln so viel unterkneten, dass der Teig kaum noch klebt.

3 Den Backofen auf 130 °C (Umluft 100 °C; Gas Stufe 1–2) vorheizen und ein Backblech mit Backpapier auslegen. Den Teig auf einer mit den restlichen Mandeln bestreuten Arbeitsfläche etwa 1 cm dick ausrollen. Sterne ausstechen, auf das Blech legen und mit dem abgenommenen Eischnee bestreichen.

4 Die Zimtsterne etwa 30 Minuten auf der mittleren Schiene im Ofen backen. Die Plätzchen sollen sich auf der Unterseite noch etwas weich anfühlen. Auf einem Kuchengitter auskühlen lassen.

Tipps
Wenn Sie Zeit sparen wollen, können Sie den Teig ausrollen und mit der Eiweißmasse bestreichen. Die Sterne sehr dicht nebeneinander ausstechen, damit möglichst wenig Teig übrig bleibt. Kneten Sie den restlichen Teig mit der Glasur zusammen und fügen Sie nach Belieben noch etwas gemahlene Mandeln dazu.

- Geschenk
- klassisch
- preiswert
- schnell
- ausgefallen
- einfach

Mit Gewürzen aus aller Welt

Nürnberger Lebkuchen
Lebkuchenteig

- Geschenk
- klassisch
- preiswert
- schnell
- ausgefallen
- einfach

Zutaten
Für den Teig
100 g getrocknete Aprikosen ·
150 g Zuckerrübensirup ·
50 g Farinzucker · 2 EL Speiseöl ·
1 frisches Eigelb · 1 TL Kakao ·
3 Tropfen Backöl Zitrone ·
1 Msp. gemahlener Piment ·
½ TL gemahlener Zimt ·
250 g Weizenmehl · 3 TL Backpulver · 100 g gemahlene Haselnusskerne · 75 g gemahlene Mandeln ·
50 g gewürfeltes Orangeat

Für den Guss
200 g Puderzucker · 1 frisches Eiweiß · etwas Zitronensaft ·
50 g bunte Zuckerstreusel

Für ca. 45 Stück
Zubereitungszeit: ca. 1 Std.
Kühlzeit: ca. 30 Min.
Backzeit: ca. 30 Min.
ca. 90 kcal je Stück

1 Die Aprikosen in Stücke schneiden. In einem Topf Sirup, Zucker, Öl und 2 EL Wasser erwärmen, in eine Rührschüssel geben und etwa 30 Minuten kalt stellen. Mit den Knethaken eines Handrührgeräts Eigelb, Kakao, Zitronenaroma, Piment und Zimt unter die fast erkaltete Masse kneten.

2 Mehl und Backpulver sieben und etwa zwei Drittel davon mit den Haselnüssen, Mandeln, dem Orangeat und den Aprikosen unter den Teig kneten. Das restliche Mehl auf die Arbeitsfläche geben und mit der Masse zu einem glatten Teig verkneten.

3 Den Backofen auf 170 °C (Umluft 140 °C; Gas Stufe 1–2) vorheizen. Ein Backblech mit Backpapier auslegen. Den Teig etwa ½ cm dick ausrollen, runde Plätzchen von etwa 7 cm Ø ausstechen und diese auf das Blech legen. Die Lebkuchen auf der mittleren Schiene im Ofen etwa 15 Minuten backen und etwas abkühlen lassen.

4 Für den Guss den Puderzucker sieben und mit Eiweiß und Zitronensaft zu einer dickflüssigen Masse verrühren. Die Lebkuchen damit überziehen und mit bunten Zuckerstreuseln bestreuen.

Mit Gewürzen aus aller Welt

Mit Gewürzen aus aller Welt

Würzige Baumkuchenecken
Rührteig

- Geschenk
- klassisch
- preiswert
- schnell
- ausgefallen
- einfach

Zutaten
Für den Teig
1 kleine Tonkabohne · 175 g Butter · 150 g Zucker · 2 P. Vanillezucker · 1 Prise Salz
6 frische Eigelbe · ½ gestr. TL gemahlener Zimt · je 1 Msp. gemahlene Nelke, gemahlener Kardamom und gemahlene Muskatblüte · 150 g Weizenmehl · 6 frische Eiweiße
Fett für die Form
Zum Bestreichen
1 EL Aprikosenkonfitüre
Für den Überzug
300 g Zartbitterkuvertüre · 30 g Kokosfett · 50 g Puderzucker

Für 48 Stück
Zubereitungszeit: ca. 30 Min.
Backzeit: ca. 1 ½ Std.
ca. 110 kcal je Stück

1 Die Tonkabohne z. B. auf einer Muskatreibe fein mahlen. Die Butter mit den Rührbesen eines Handrührgeräts geschmeidig schlagen. Zucker, Vanillezucker und Salz mischen, langsam einrieseln lassen und so lange rühren, bis eine cremige Masse entstanden ist.

2 Den Backofengrill auf 240 °C (Umluft 210 °C; Gas Stufe 4–5) vorheizen. Die Eigelbe nach und nach unter die Masse rühren. Tonkabohne, Zimt, Nelke, Kardamom und Muskatblüte mit dem Mehl mischen, sieben und unter die Masse rühren. Die Eiweiße steif schlagen und unterheben.

3 Eine Springform mit Backpapier auslegen und die Ränder fetten. 2 EL Teig hineingeben, mit einem Pinsel verstreichen und im unteren Drittel des Backofens etwa 2 Minuten hellbraun backen. Die nächste Teigschicht aufstreichen und erneut etwa 2 Minuten backen, bis die Oberfläche hellbraun ist. Den ganzen Teig auf diese Weise verarbeiten.

4 Das fertige Gebäck mit dem Backpapier auf ein Kuchengitter legen. Die Konfitüre aufkochen lassen, das Backpapier abziehen, die Konfitüre auf den Baumkuchen streichen und erkalten lassen. Die dunklen Ränder abschneiden und den Teig in etwa 4 x 4 cm große Quadrate schneiden. Die Quadrate so halbieren, dass Dreiecke entstehen.

5 Für den Überzug die Kuvertüre in Stücke brechen und mit dem Kokosfett in einer Schüssel im Wasserbad schmelzen. Die Baumkuchenecken vollständig in die Kuvertüre tauchen, abtropfen lassen und zum Erstarren auf Backpapier legen. Die Baumkuchenecken mit Puderzucker bestreuen.

Tonkabohnen
Tonkabohnen sind kleine, trockene, schwarzbraune Bohnen mit würzigsüßem Aroma. Sie sind in Apotheken erhältlich, die eine große Auswahl an Gewürzen haben.

Mit Gewürzen aus aller Welt

Mit Gewürzen aus aller Welt

Schokoladenmakronen
Baiser

- Geschenk
- klassisch
- preiswert
- schnell
- ausgefallen
- einfach

Zutaten
Für den Teig
50 g Zartbitterschokolade ·
2 frische Eiweiße · 100 g feiner Zucker
1 P. Vanillezucker · 1 EL Kakao
Für die Dekoration
50 g Kakaopulver

Für ca. 20 Stück
Zubereitungszeit: ca. 30 Min.
Backzeit: ca. 30 Min.
ca. 40 kcal je Stück

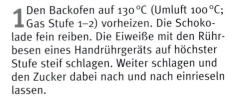

1 Den Backofen auf 130 °C (Umluft 100 °C; Gas Stufe 1–2) vorheizen. Die Schokolade fein reiben. Die Eiweiße mit den Rührbesen eines Handrührgeräts auf höchster Stufe steif schlagen. Weiter schlagen und den Zucker dabei nach und nach einrieseln lassen.

2 Vanillezucker, Kakao und Schokolade vorsichtig unterheben. Ein Backblech mit Backpapier belegen und mit 2 Teelöffeln kleine Häufchen auf das Blech setzen.

3 Die Makronen etwa 30 Minuten auf der mittleren Schiene im Ofen backen, auf einem Kuchengitter auskühlen lassen und mit Kakaopulver verzieren.

Tipp
Schokolade können Sie besonders gut reiben, wenn Sie sie vor der Verarbeitung für einige Zeit in den Kühlschrank legen.

Mit Kakao, Schokolade & Nougat

Zutaten

125 g Zartbitterschokolade ·
150 g Butter · 200 g Farinzucker ·
1 P. Vanillezucker · 1 Msp. Salz ·
1 Msp. gemahlener Zimt ·
1 Msp. gemahlene Nelken ·
2 frische Eier

225 g Weizenmehl · 100 g gehackte Mandeln

Für ca. 50 Stück
Zubereitungszeit: ca. 30 Min.
Backzeit: ca. 10 Min.
ca. 50 kcal je Stück

Schokocookies
Rührteig

1 Die Schokolade fein reiben. Die Butter mit den Rührbesen eines Handrührgeräts auf höchster Stufe geschmeidig rühren. Zucker und Vanillezucker langsam einrieseln lassen und so lange rühren, bis eine cremige Masse entstanden ist. Salz, Zimt, Nelken und Eier unterrühren.

2 Den Backofen auf 180 °C (Umluft 150 °C; Gas Stufe 2–3) vorheizen. Das Mehl mit dem Backpulver sieben und mit der Schokolade und den Mandeln auf mittlerer Stufe unterrühren. Ein Backblech einfetten und mit 2 Teelöffeln kleine Teighäufchen auf das Blech setzen. Die Cookies auf der mittleren Schiene im Ofen etwa 10 Minuten backen.

Tipps
Besonders schön sehen die Schokocookies aus, wenn sie mit flüssiger Schokolade verziert werden.
Lassen Sie die Cookies auf einem Kuchengitter gut auskühlen und bewahren Sie sie dann in gut schließenden Dosen auf.

Geschenk
klassisch
preiswert
schnell
ausgefallen
einfach

Mit Kakao, Schokolade & Nougat

Schwarz-Weiß-Gebäck
Mürbeteig

- Geschenk
- klassisch
- preiswert
- schnell
- ausgefallen
- einfach

Zutaten
Für den hellen Teig
250 g Weizenmehl · 1 TL Backpulver · 1 Vanilleschote · 125 g Puderzucker · 1 Msp. Salz · 1 frisches Ei · 125 g Butter
Für den dunklen Teig
1 EL Puderzucker · 15 g Kakao · 1 EL Milch
Zum Bestreichen
1 frisches Eiweiß

Für 50 Stück
Zubereitungszeit: ca. 1 1/2 Std.
Kühlzeit: 5 Std.
Backzeit: ca. 15 Min.
ca. 50 kcal je Stück

Tipps
Das Backblech muss wieder kalt sein, bevor Sie die nächsten Plätzchen darauf legen. Wartezeiten könne Sie vermeiden, wenn Sie rohe Plätzchen auf Backpapier setzen und die Lage zum Backen auf das inzwischen erkaltete Backblech ziehen.
Plätzchen mit gleich dickem Teig brauchen dieselbe Backzeit. Ihre Größe ist nicht ausschlaggebend. Beim Backen von Schwarz-Weiß-Gebäck sind der Fantasie kaum Grenzen gesetzt. Probieren Sie weitere Methoden aus, die beiden Teigsorten zusammenzusetzen.

1. Für den hellen Teig das Mehl mit dem Backpulver in eine Rührschüssel sieben. Die Vanilleschote aufschlitzen und das Mark herauskratzen. Den Puderzucker sieben und mit Salz und Ei zum Mehl geben. Die Butter in Stücke schneiden und hinzufügen.

2. Die Zutaten mit den Knethaken eines Handrührgeräts gut durcharbeiten und auf der Arbeitsfläche zu einem glatten Teig verkneten.

3. Für den dunklen Teig den Puderzucker sieben, mit Kakao und Milch verrühren und in eine Hälfte des Teigs kneten. Die beiden Teige etwa 1 Stunde kalt stellen.

4. Für ein Schneckenmuster den hellen und den dunklen Teig zu gleich großen dünnen Platten ausrollen. Eine Platte dünn mit Eiweiß bestreichen. Die andere Platte darauf legen und ebenfalls mit Eiweiß bestreichen. Die Platten fest zusammendrücken.

5. Für ein Schachbrettmuster die beiden Teige 1 cm dick ausrollen. Aus dem dunklen Teig 5 Streifen und aus dem hellen Teig 4 Streifen – je 1 cm breit und gleich lang – schneiden. Mit Eiweiß bestreichen und so neben- und aufeinander legen: erste Lage dunkel – hell – dunkel, zweite Lage hell – dunkel – hell, dritte Lage wieder dunkel – hell – dunkel. Etwas Teig dünn ausrollen, mit Eiweiß bestreichen und das Stangenpaket damit einwickeln.

6. Teigreste kann man miteinander zu einem Marmormuster verkneten. Rollen von 3 cm Durchmesser formen.

7. Die Teigrollen 4 Stunden kalt stellen. Den Backofen auf 180 °C (Umluft 150 °C; Gas Stufe 2–3) vorheizen. Ein Backblech einfetten. Die Teigrollen in 3–4 cm dicke Scheiben schneiden, die Plätzchen auf das Blech setzen und auf der mittleren Schiene im Ofen etwa 15 Minuten backen.

Mit Kakao, Schokolade & Nougat

Mit Kakao, Schokolade & Nougat

Schoko-Mokka-Mürbchen

Rührteig

- Geschenk
- klassisch
- **preiswert**
- **schnell**
- ausgefallen
- einfach

Zutaten
Für den Teig
125 g Butter · 100 g Zucker ·
1 P. Vanillezucker · 1 Prise Salz ·
2–3 EL kalter Mokka · 200 g Weizenmehl · $1/2$ gestrichener TL
Hirschhornsalz · 1 gestrichener
EL Kakaopulver
Für den Belag
50 g Hagelzucker · Puderzucker,
nach Belieben

1 Butter, Zucker, Vanillezucker und Salz mit den Rührbesen eines Handrührgeräts geschmeidig schlagen. Den Mokka unterrühren. Mehl, Hirschhornsalz und Kakaopulver mischen, sieben und nach und nach unterrühren. Den Backofen auf 180 °C (Umluft 150 °C; Gas Stufe 2–3) vorheizen.

2 Mit einem Esslöffel walnussgroße Stücke vom Teig abnehmen und daraus Kugeln formen. Ein Backblech mit Backpapier belegen und das Gebäck darauf geben. Die Kugeln mit dem Handballen flach drücken, mit Hagelzucker sowie nach Belieben Puderzucker bestreuen und auf der mittleren Schiene im Ofen etwa 8 Minuten backen.

Für 35 Stück
Zubereitungszeit: ca. 20 Min.
Backzeit: ca. 8 Min.
ca. 70 kcal je Stück

Weihnachtsbrezeln

Rührteig

- **Geschenk**
- klassisch
- **preiswert**
- schnell
- **ausgefallen**
- einfach

Zutaten
Für den Teig
150 g weich Butter · 60 g Puderzucker · 1 P. Vanillezucker ·
1 Prise Salz · 1 TL Honigkuchengewürz · 1 Msp. gemahlener
Zimt · 1 Msp. gemahlene Muskatblüte · 1 frisches Ei
200 g Weizenmehl · $1/2$ TL Backpulver
Für den Guss
150 g Zartbitterkuvertüre · bunte Zuckerstreusel

1 Die Butter mit den Rührbesen eines Handrührgeräts auf höchster Stufe geschmeidig rühren. Puderzucker und Vanillezucker langsam einrieseln lassen, Salz, Honigkuchengewürz, Zimt, Muskatblüte und Ei dazugeben und so lange rühren, bis eine cremige Masse entstanden ist.

2 Mehl mit dem Backpulver sieben und in 3 Portionen auf mittlerer Stufe unterrühren. Den Backofen auf 180 °C (Umluft 150 °C; Gas Stufe 2–3) vorheizen.

3 Ein Backblech einfetten, den Teig in einen Spritzbeutel mit 3er-Lochtülle füllen und Brezeln auf das Blech spritzen. Die Brezeln auf der mittleren Schiene im Ofen etwa 15 Minuten backen.

4 Für den Guss die Kuvertüre grob hacken und im warmen Wasserbad schmelzen. Die Brezeln damit bestreichen und mit den bunten Streuseln bestreuen.

Für ca. 50 Stück
Zubereitungszeit: ca. 1 Std.
Backzeit: ca. 30 Min.
ca. 60 kcal je Stück

Mit Kakao, Schokolade & Nougat

Rheinische Spitzkuchen
Lebkuchenteig

- Geschenk
- klassisch
- preiswert
- schnell
- ausgefallen
- einfach

Zutaten
Für den Teig
250 g Honig · 200 g Zuckerrübensirup · 500 g Weizenmehl
je 100 g Rosinen, Korinthen und gewürfeltes Orangeat · 50 g gewürfeltes Zitronat · 100 g gehackte Mandeln · 1 TL gemahlener Zimt · $1/2$ TL gemahlener Kardamom · 1 Msp. gemahlene Nelken · abgeriebene Schale von 1 unbehandelten Orange · 1 Prise Salz · 5 g Pottasche · 2 EL Sahne
Für den Überzug
500 g Zartbitterkuvertüre
Zum Verzieren
50 g Puderzucker · etwas frisches Eiweiß

Für ca. 80 Stück
Zubereitungszeit: ca. 1 Std.
Kühlzeit: ca. 3 Std.
Backzeit: ca. 25 Min.
ca. 90 kcal je Stück

1 Honig und Sirup bei mäßiger Hitze in einem Topf schmelzen lassen, in eine Rührschüssel geben und kalt stellen. Die Hälfte des Mehls über die fast erkaltete Masse sieben und mit den Knethaken eines Handrührgeräts darunter rühren.

2 Rosinen, Korinthen, Orangeat, Zitronat, Mandeln und Gewürze dazugeben. Die Pottasche mit der Sahne verrühren und mit dem restlichen Mehl gut unterkneten. Den Teig etwa 3 Stunden kalt stellen.

3 Den Backofen auf 180 °C (Umluft 150 °C; Gas Stufe 2–3) vorheizen. Den Teig in 4 gleich große Teile teilen und auf der bemehlten Arbeitsfläche zu Rollen von etwa 30 cm Länge formen. 2 Backbleche einfetten, die Teigstangen mit genügend Abstand darauf legen und etwas flach drücken. Die Stangen etwa 25 Minuten auf der mittleren Schiene im Ofen backen und etwas abkühlen lassen.

4 Jede Stange in 20 Stücke schneiden. Für den Überzug die Kuvertüre grob hacken und im Wasserbad schmelzen lassen. Die erkalteten Stücke auf eine Gabel spießen, in die Kuvertüre tauchen, wieder herausheben und am Rand des Gefäßes etwas abklopfen. Die Plätzchen auf Pergamentpapier legen und mit einer Gabel ein Muster eindrücken. Den Guss fest werden lassen.

5 Den Puderzucker durchsieben und mit dem Eiweiß dickflüssig anrühren. Die Spritzkuchen damit verzieren.

Tipp
Sie können die Spitzkuchen zusätzlich mit etwas Puderzucker bestreuen.

Mit Kakao, Schokolade & Nougat

Mandelsplitter

Kuvertüre

- Geschenk
- klassisch
- preiswert
- schnell
- ausgefallen
- einfach

1 Für die Füllung die Mandeln ohne Fettzugabe in einer Pfanne hellbraun rösten. 1 EL Wasser, Zucker und Vanillezucker in einen Topf geben und kochen lassen, bis sich der Zucker gelöst hat. Die Mandeln zugeben, alles vermengen und abkühlen lassen.

2 Die Kuvertüre in Stücke brechen und mit dem Kokosfett in einer Schüssel im Wasserbad schmelzen. Die Mandeln unterrühren. Mit einem Teelöffel kleine Mengen abnehmen und in Häufchen auf Backpapier setzen. Die Kuvertüre erstarren lassen.

Zutaten
Für die Füllung
200 g gestiftelte Mandeln ·
40 g Zucker · 2 P. Vanillezucker
Für den Überzug
200 g Zartbitterkuvertüre ·
10 g Kokosfett

Für 40 Stück
Zubereitungszeit: ca. 30 Min.
ca. 65 kcal je Stück

Nougatnüsse

Rührteig

- Geschenk
- klassisch
- preiswert
- schnell
- ausgefallen
- einfach

Zutaten
Für den Teig
100 g Zartbitterkuvertüre ·
150 g Butter · 100 g Puderzucker ·
1 P. Vanillezucker
1 frisches Ei · 250 g Weizenmehl ·
1 Msp. Backpulver
Für die Füllung
75 g Nuss-Nougat · 75 g Zartbitterkuvertüre · 1–2 TL Rum

Für 45 Stück
Zubereitungszeit: ca. 1 Std.
Backzeit: ca. 8 Min.
ca. 85 kcal je Stück

1 Kuvertüre klein hacken und in einem Topf im Wasserbad schmelzen. Die Butter geschmeidig schlagen. Puderzucker und Vanillezucker zugeben und rühren, bis eine cremige Masse entstanden ist.

2 Ei und Kuvertüre unterrühren. Mehl und Backpulver mischen, sieben und unter die Masse rühren. Den Backofen auf 200 °C (Umluft 170 °C; Gas Stufe 3) vorheizen.

3 Den Teig in einen Spritzbeutel füllen und auf ein mit Backpapier belegtes Backblech Tatzen von etwa 3 cm Länge spritzen. Die Tatzen etwa 8 Minuten auf der mittleren Schiene im Ofen backen.

4 Nougat und Kuvertüre zerkleinern und im Wasserbad schmelzen. Rum zugeben und kräftig verrühren. Die Hälfte der Tatzen an der Unterseite mit dem Nougat-Kuvertüre-Gemisch bestreichen. Die restlichen Tatzen mit der Unterseite darauf legen.

Mit Kakao, Schokolade & Nougat

Schokoladenkugeln
Rührteig

- Geschenk
- klassisch
- preiswert
- schnell
- ausgefallen
- einfach

Zutaten
Für den Teig
150 g Butter · 125 g Zucker ·
1 P. Vanillezucker · 1 Prise Salz ·
abgeriebene Schale von
$1/2$ unbehandelten Zitrone
3 frische Eier · 100 g Weizenmehl ·
1 gestrichener TL Backpulver ·
100 g gemahlene Mandeln
Für die weißen Kugeln
200 g weiße Kuvertüre · abgeriebene Schale von 1 unbehandelten Orange · 2 EL Puderzucker
Für die schwarzen Kugeln
3 EL Rum · 200 g Zartbitterkuvertüre · 1 EL Kakaopulver

Für 56 Stück
Zubereitungszeit: ca. 30 Min.
Backzeit: ca. 25 Min.
ca. 95 kcal je Stück

1 Den Boden einer Springform (etwa 26 cm Ø) mit Backpapier belegen. Die Butter mit den Rührbesen eines Handrührgeräts auf höchster Stufe geschmeidig rühren. Zucker, Vanillezucker, Salz und Zitronenschale hinzufügen und so lange rühren, bis eine cremige Masse entstanden ist.

2 Den Backofen auf 180 °C (Umluft 150 °C; Gas Stufe 2–3) vorheizen. Die Eier nach und nach unterrühren. Mehl und Backpulver mischen, sieben und mit den Mandeln unterrühren. Die Masse in die Springform füllen, glatt streichen und 25 Minuten auf der mittleren Schiene im Ofen backen.

3 Den Boden vom Springformrand lösen, auf ein Kuchengitter stürzen und auskühlen lassen. Das Backpapier lösen, den Boden halbieren und jede Hälfte in je eine Schüssel bröseln.

4 Für die weißen Schokoladenkugeln die Kuvertüre in kleine Stücke brechen und in einem Topf im Wasserbad schmelzen. Die Orangenschale unter die Brösel mengen und die Kuvertüre unterrühren. Von der Masse haselnussgroße Stücke abnehmen und zu Kugeln formen. Die Kugeln im Puderzucker wälzen.

5 Für die schwarzen Schokoladenkugeln die Kuvertüre in kleine Stücke brechen und in einem Topf im Wasserbad schmelzen. Die Brösel mit dem Rum tränken und die Kuvertüre unterrühren. Von der Masse haselnussgroße Stücke abnehmen und zu Kugeln formen. Die Kugeln im Kakaopulver wälzen.

Mit Kakao, Schokolade & Nougat

Schokoladenknusperhaus
Schokolade

- Geschenk
- klassisch
- preiswert
- schnell
- ausgefallen
- einfach

Zutaten

Für das Haus
10 Tafeln Vollmilch- oder Zartbitterschokolade (bestehend aus 6 Riegeln, pro Riegel 4 Stücke) · 1 EL Speiseöl

Für die Verzierung
bunte Schokolinsen oder Dekorblümchen · bunte Zuckerstreusel · Puderzucker · Wattebausch

Für die Glasur
125 g Puderzucker · 1–2 TL Zitronensaft

Für 1 Haus
Zubereitungszeit: ca. 1 Std.
ca. 7170 kcal je Haus

1 Zunächst 2 Schokoladentafeln zerbrechen und mit dem Öl im Wasserbad schmelzen.

2 Für den Boden 1 Tafel an den langen Seiten mit geschmolzener Schokolade bestreichen, auf ein Stück Backpapier legen und an jede Seite jeweils eine weitere Tafel mit der langen Seite andrücken.

3 Für die Vorder- und Rückseite des Hauses von 2 Tafeln jeweils 1 Riegel abtrennen und beiseite legen. Dazu die Klinge eines langen, scharfen Messers in kochendes Wasser tauchen, abtrocknen und durch leichtes Drücken und Schneiden die Schokolade schmelzen. Die 2 Tafeln diagonal halbieren.

4 Aus den Vorderseiten je 2 Stücke herausschmelzen und mit geschmolzener Schokolade zu einer Tür zusammensetzen. Die 2 Vorder- und Rückseiten zusammenfügen, alles auf ein Stück Backpapier legen und erstarren lassen.

5 Zwei weitere Tafeln ergeben das Dach. Von einer der beiden Tafeln einige Millimeter an der kurzen Seite abschmelzen.

6 Für die Tannen eine Tafel mit einem heißen Messer diagonal halbieren und die unteren Enden so beschneiden, dass die Tannen gerade stehen.

7 Beim Zusammenbauen erst die Vorder- und Rückseiten mit etwas geschmolzener Schokolade auf die Bodenplatte stellen. Die 2 Dachtafeln darauf legen, Tür und Tannen aufstellen und alles mit flüssiger Schokolade befestigen.

8 Aus den beiden abgetrennten Riegeln einen Schornstein, einen Holzstapel sowie einen Tisch basteln und am Haus befestigen. Das Haus mit der restlichen flüssigen Schokolade gleichmäßig betupfen und die Süßigkeiten für die Verzierung an das Haus kleben.

9 Für die Glasur den gesiebten Puderzucker nach und nach mit dem Zitronensaft zu einer festen Masse verrühren, in einen Spritzbeutel mit 4er-Lochtülle füllen und „Eiszapfen" an das Haus spritzen. Den Wattebausch auf den Schornstein setzen und Puderzucker als Schnee über und neben das Knusperhaus sieben.

Mit Kakao, Schokolade & Nougat

Alphabetisches Rezeptverzeichnis

A
Anisplätzchen 42

B
Basler Leckerli 28
Baumkuchenecken, würzige 46
Braunbären mit Banane 25

E
Erdnussrauten 16

F
Feigenmakronen 21
Früchtebrot 32
Früchtestollen, kleine 30

G
Gewürzbiskuits 38
Gewürzspekulatius 39

H
Haselnusshütchen 17
Himbeerherzen 22
Honigkuchen vom Blech 36

I
Ingwerkipferl 34

K
Kokosmakronen 12

L
Lebkuchen, Nürnberger 44

M
Mandelhörnchen 15
Mandel-Pistazien-Stangen 8
Mandelsplitter 56
Marzipan-Mandel-Sterne 10
Marzipanstollen 18
Mohnschlaufen 29

N
Nougatnüsse 56
Nussecken 13

O
Orangenplätzchen mit Guss 24

Q
Quarkzapfen, fruchtige 26

S
Schokocookies 49
Schokoladenknusperhaus 60
Schokoladenkugeln 58
Schokoladenmakronen 48
Schoko-Mokka-Mürbchen 52
Schwarz-Weiß-Gebäck 50
Spitzkuchen, rheinische 54

W
Walnüsse, grüne 14
Walnusskipferl 9
Weihnachtsbrezeln 52
Weihnachtsbrownies 40

Z
Zimtblätter 34
Zimtsterne 43
Zitronen-Wein-Sterne 20

Rezeptverzeichnis nach Teigarten

Baiser
Feigenmakronen 21
Kokosmakronen 12
Schokoladenmakronen 48
Zimtsterne 43

Biskuit
Anisplätzchen 42
Gewürzbiskuits 38

Blätterteig
Himbeerherzen 22

Falsche Hippenmasse
Zimtblätter 34

Hefeteig
Fruchtige Quarkzapfen 26
Früchtebrot 32
Marzipanstollen 18

Lebkuchenteig
Basler Leckerli 28
Honigkuchen vom Blech 36
Nürnberger Lebkuchen 44
Rheinische Spitzkuchen 54

Makronenmasse
Mandelhörnchen 15

Mürbeteig
Braunbären mit Banane 25
Erdnussrauten 16
Gewürzspekulatius 39
Grüne Walnüsse 14
Haselnusshütchen 17
Ingwerkipferl 34
Kleine Früchtestollen 30
Mandel-Pistazien-Stangen 8
Marzipan-Mandel-Sterne 10
Mohnschlaufen 29
Nussecken 13
Schoko-Mokka-Mürbchen 52
Schwarz-Weiß-Gebäck 50
Walnusskipferl 9
Zitronen-Wein-Sterne 20

Rührteig
Nougatnüsse 56
Orangenplätzchen mit Guss 24
Schokocookies 49
Schokoladenkugeln 58
Weihnachtsbrezeln 52
Weihnachtsbrownies 40
Würzige Baumkuchenecken 46

Schokolade
Mandelsplitter 56
Schokoladenknusperhaus 60

Im **FALKEN** Verlag sind zahlreiche Titel zum **Thema** „Essen und Trinken" erschienen.

Sie erhalten sie überall dort, wo es Bücher gibt.

Sie finden uns im Internet: **www.falken.de**

Dieses Buch wurde auf chlorfrei gebleichtem und säurefreiem Papier gedruckt.

Der Text dieses Buches entspricht den Regeln der neuen deutschen Rechtschreibung.

Impressum

ISBN 3 8068 2802 4

© 2001 by FALKEN Verlag in der Verlagsgruppe FALKEN/Mosaik, einem Unternehmen der Verlagsgruppe Random House GmbH, 65527 Niedernhausen/Ts.

Die Verwertung der Texte und Bilder, auch auszugsweise, ist ohne Zustimmung des Verlags urheberrechtswidrig und strafbar. Dies gilt auch für Vervielfältigungen, Übersetzungen, Mikroverfilmung und für die Verarbeitung mit elektronischen Systemen.

Umschlagkonzeption: Martina Eisele, München
Umschlaggestaltung: Digital Design GmbH Borgers, Hünstetten
Layout: Johannes Steil, Wiesbaden
Redaktion: Dirk Katzschmann, Olaf Rappold und Katrin Schmelzle (red.sign, Stuttgart)
Koordination und Schlussredaktion: Anja Halveland (FALKEN Verlag)
Herstellung: Ramona Burkart (FALKEN Verlag) und red.sign, Stuttgart
Weitere Fotos auf dem Umschlag: Damir Begovic, Hamburg: Umschlaginnenseite vorne und Umschlagklappe hinten

Rezeptfotos und weitere Fotos im Innenteil: Damir Begovic, Hamburg
Satz: red.sign, Stuttgart
Reproduktion: Lithotronic, Frankfurt
Druck: Druckhaus Cramer, Greven

817 2635 4453 6271